101 ABITUR

Der "Zu viel freie Zeit" - pocket survival guide

JONAS SCHÖNFELD

Wie du am Ende deines Lebens wünschst
gelebt zu haben,
so kannst du jetzt schon leben
- Marc Aurel

Inhalt

Einleitung

Als frisch gebackener Abiturient stehen dir alle Türen und Möglichkeiten offen. Doch was willst du? Vielleicht siehst du dein Leben bereits ganz klar vor dir, willst studieren oder reisen und dann einen bestimmten Beruf ergreifen. Oder du willst es eben nicht veraltet und möchtest lieber erst etwas erleben, bevor du dich dem Ernst des Lebens stellst? Dann solltest du den Typentest für Abiturienten machen, der dir genau verrät, was für ein Typ du bist und was am besten zu dir passt. Mit den 101 Ideen, die du nach dem Abitur machen könntest, finden sich bestimmt eine ganze Menge Aktivitäten, die deinem neuen Leben als angehender Erwachsener einen krönenden Start verleihen.

Der Abiturienten-Typentest

Mit diesem Typentest kannst du herausfinden, welcher Typ Abiturient du bist. Kreuze einfach die Antwort an, die am besten zu dir passt. Am Ende zählst du alle Antworten zusammen und hast du beispielsweise am ehesten Antworten, dann bist du Typ A. Aus diesem Test lässt sich schließen, welche der Ideen am besten zu dir passen!

Frage #1: Wo siehst du dich in 10 Jahren?

A: Woher soll ich das denn jetzt schon wissen?

B: Ich habe einen genauen Plan und vielleicht ein, zwei ebenfalls gute Alternativen.

C: Weit, weit weg - Hauptsache, ich habe bis dahin viel Neues erlebt.

D: In einer Position, in der ich anderen Menschen realistisch helfen kann, die es nicht so gut haben wie ich.

E: Meine Eltern haben das schon sehr genau geplant und das hört sich für mich auch okay an.

F: Hauptsache, ich mache dann etwas, was mir Spaß macht.

→ *Hier ist Platz für deine Gedanken*

Frage #2: Was möchtest du unbedingt einmal erleben?

A: Vielleicht eine weite Reise, oder einmal ein Projekt über längere Zeit begleiten, oder...
B: Ich habe bereits eine Liste für die Zeit nach den Abiturprüfungen erarbeitet und werde mich daran machen, sie zu erfüllen.
C: Ich will die Welt sehen, andere Kulturen kennen lernen und neue Eindrücke sammeln.
D: Ich möchte unbedingt einmal einem hilfsbedürftigen Menschen etwas ermöglichen, was ohne meine Unterstützung nicht so leicht realisierbar gewesen wäre.
E: Ich will lieber nichts erleben, sondern mich darum kümmern, später einen guten Beruf zu bekommen und abgesichert zu sein.
F: Ich würde gerne mal mit vielen Freunden verreisen, eine gute Zeit erleben, vielleicht einmal eine Bar eröffnen oder einen Scherzartikel-Laden.

Frage #3: Wie hast du während der Abi-Zeit gelernt?

A: Ich war mir nie wirklich sicher, was in der Klausur drankommen würde, und wusste manchmal auch nicht, was ich am besten lernen soll.

B: Ich habe mir ein Ziel gesetzt und dann einen Plan erarbeitet, mehrere Tage oder Wochen vorher angefangen und mich täglich genau an meinen Lernplan gehalten.

C: Ich habe mir gesagt, dass ich durch die anstrengende Lernerei bald in der Position sein werde, die Welt zu erleben, und das hat mich motiviert.

D: Ich habe mit Freunden Lerngruppen gebildet, jeder hat seine Stärken eingebracht und den anderen geholfen, die gewisse Dinge nicht so gut konnten.

E: Ich habe mich so lang eingesperrt und konzentriert gelernt, bis der Schulstoff wirklich saß.

F: Fast gar nicht, entsprechend ist auch mein Notendurchschnitt ausgefallen.

Frage #4: Lieber Studium oder Ausbildung?

A: Ich bin mir nicht sicher...

B: Ich kenne mein Ziel genau und weiß, auf welchem Bildungsweg ich es erreiche.

C: Wichtiger als das ist mir, dass ich in meinem späteren Beruf viel herumkomme - ob das durch Studium oder Ausbildung geht, ist zweitrangig.

D: In einer Ausbildung kann ich vielleicht eher damit beginnen, mit meiner Arbeit einen wertvollen Beitrag zu leisten.

E: Mit einem Studium oder dem gleichen Ausbildungsberuf wie sie würde ich meine Eltern bestimmt stolz machen und das tun, was sie von mir erwarten.

F: So richtig inspiriert mich das beides nicht...

Frage #5: Was ist dir in deinem späteren Beruf am wichtigsten?

A: Ich bin mir nicht sicher, ob ich lieber mit Menschen oder Maschinen, lieber im Büro oder in der Praxis oder im Ladengeschäft arbeiten will.

B: Ich möchte gerne hoch hinaus und will immer neu herausgefordert werden. Mir ist keine Herausforderung zu viel.

C: Auf keinen Fall will ich nur an einem Ort arbeiten.

D: Ich will unbedingt mit Menschen zu tun haben, etwas Sinnvolles leisten und etwas hinterlassen, was anderen Menschen hilft, wenn ich nicht mehr da bin.

E: Dass ich gutes Geld verdiene und mich selbst ernähren kann, dass der Job ein gewisses Ansehen hat und sich meine Eltern nicht für mich schämen müssen.

F: Dass er mir Spaß macht und ich nicht den ganzen Tag steif und spießig sein muss.

Frage #6: Hast du dich während der Abi-Zeit auf den Beruf vorbereitet?

A: Ich weiß ja nicht einmal, was ich mir dauerhaft als Beruf vorstellen kann!

B: Ja, natürlich! Meine Leistungskurse waren so gewählt, dass sie repräsentieren, was ich später machen möchte. Außerschulische Aktivitäten habe ich so ausgesucht, dass sie zu meinem beruflichen ziel beitragen.

C: Ich habe mich bereits informiert, in welchen Berufen ich viel herumkomme.

D: Ja, auch während meiner Abi-Zeit habe ich versucht, anderen zu helfen, wo es geht, denn das ist mir in meinem späteren Beruf sehr wichtig. Freiwillige Dienste haben mir Spaß gemacht.

E: Ja, ich habe immer alles gemacht, was von mir erwartet wurde.

F: Beruf? Das kommt doch erst nach dem Abi, wieso sollte ich mich darauf vorbereiten?

Frage #7: Wie geht es für dich nach dem Abi weiter?

A: Eigentlich sollte ich jetzt einen Studienplatz annehmen, aber vielleicht will ich auch erst um die Welt reisen. Ich bin mir unsicher.
B: Ich habe schon einen genauen Plan: Studium, den Praktikumsplatz und die Wunschfirma danach.
C: Zunächst will ich ein fremdes Land bereisen, eine Rundreise machen, Hauptsache erstmal weg von zu Hause und dem, was ich kenne.
D: Ich will erst einmal etwas Sinnvolles tun, beispielsweise ein FSJ - vielleicht sogar im Ausland, wo ich wirklich gebraucht werde.
E: Darüber habe ich schon viel mit Eltern und Lehrern gesprochen und werde das machen, was sie mir empfehlen.
F: Ehrlich gesagt macht mir der Gedanke Angst, denn dann sind all meine Freunde nicht mehr jeden Tag mit mir zusammen...

Frage #8: Warum hast du deine Abi-Leistungskurse genau so gewählt?

A: Ich war mir lang nicht sicher und weiß bis heute nicht, ob das wirklich die beste Entscheidung war.

B: Weil sie mich optimal auf den Beruf vorbereiten, den ich später einmal ergreifen will.

C: Weil ich Neues über die Welt lernen wollte, was ich noch nicht wusste.

D: Weil sie mich optimal darauf vorbereiten, etwas Nützliches zu tun, was nicht nur mir hilft, sondern auch anderen.

E: Meine Eltern und Lehrer haben mir bei der Auswahl Ideen gegeben, nach denen ich mich gerichtet habe.

F: Das hat sich so ergeben, viel darüber nachgedacht habe ich nicht.

Frage #9: Was haben deine Lehrer an dir gelobt?

A: Dass ich mich flexibel auf Neues einstellen konnte und auch einmal umentschieden habe, wenn mir etwas nicht getaugt hat.

B: Dass ich immer genau wusste, was ich will, und dass ich das auch erreicht habe.

C: Dass ich offen für Neues bin und mich gut auf Unbekanntes einlassen kann.

D: Dass ich sehr hilfsbereit bin und gut im Team arbeiten kann.

E: Dass ich ihnen nie Sorgen und Probleme bereitet habe.

F: Dass man mit mir immer Spaß haben kann, beispielsweise bei den Exkursionen.

Frage #10: Was haben deine Lehrer an dir kritisiert?

A: Dass ich manchmal die richtige Antwort wusste, mich aber nicht gemeldet oder sie in der Klausur hingeschrieben habe, da ich mir doch unsicher war.

B: Dass ich sehr starr auf ein Ziel hinarbeiten kann und dann keine Alternativen akzeptiere.

C: Dass ich oft mit den Gedanken ganz woanders war, nur nicht beim Unterricht.

D: Dass ich mich von anderen manchmal ausnutzen lasse, weil es mir so wichtig ist, dass alle mitkommen und eine Chance haben.

E: Dass ich mich mehr trauen müsste und eigene Entscheidungen ohne meine Eltern oder ihre Hilfestellung treffen lernen muss.

F: Dass ich lernen muss, mich ernsthaft an ein Projekt zu setzen und es nicht gleich ins Lächerliche zu ziehen.

Auflösung:

A: Du gehörst zu den „Unentschlossenen"! Bisher war die Schule deine größte Sorge und dir fehlt noch der Einblick in die große, weite Welt. Willst du reisen, ins Studium, eine Ausbildung beginnen oder dich erst einmal selbst finden? Deine wichtigste Aufgabe nach dem Abi ist es, das herauszufinden.

B: Du gehörst zu den „Zielstrebigen"! Du weißt genau, was du willst, denn bereits während der Abi-Zeit hast du deine Fächer bewusst gewählt und das als Vorbereitung auf dein weiteres Leben gesehen. Für dich kommt nur dieser eine Weg in Frage - oder vielleicht er und eine Alternative. Du bist auch bereit, etwas zu leisten, um dir deinen Traum zu erfüllen. Was steht dir jetzt noch im Weg?

C: Du gehörst zu den „Weltentdeckern"! Immer nur zu Hause bleiben? Nicht dein Ding. Du bist jetzt endlich frei und willst etwas sehen von der großen, weiten Welt. Du hast Hunger auf deine eigenen Erfahrungen und willst deine Erfahrungen dort draußen machen. Du brauchst nach dem Abitur eine Weltreise, denn sonst wirst du dich nie „angekommen" fühlen und wissen, was du im Leben wirklich willst.

D: Du gehörst zu den „Sozialen"! Du willst Hilfe leisten und dort sein, wo du einen Beitrag zum Wohl der Welt leisten kannst. Soziale Aktivitäten sind für dich sehr wichtig und du möchtest etwas Wertvolles zum Zusammenleben auf der Erde beitragen. Erst danach bist du bereit, dich um dein eigenes Berufsleben zu kümmern.

E: Du gehörst zu den „Braven"! Du hast dir in deiner Schulzeit nie etwas zu Schulden kommen lassen und dich hätte man am wenigsten verdächtigt, wenn wieder Streiche gespielt wurden. Bestimmt hattest du immer gute Noten und einen super Abi-Schnitt... aber gibt es nicht etwas Verrücktes, was du gerne einmal erleben würdest?

F: Du gehörst zu den „Clowns"! In der Schule hat es mit dir immer Spaß gemacht. Die Klausuren hast du vielleicht nicht immer ernst genommen, hast aber immer einen Weg gefunden, vom Klassenstreber abzuschreiben. Jetzt beginnt allerdings der Ernst des Lebens. Lustig und witzig sein kannst du zwar immer noch und das wird auch gut ankommen - aber in welche Richtung verschlägt es dich? Probiere aus, was wirklich in dir steckt - neben der lustigen Persönlichkeit, die immer für einen Scherz gut ist.

Aktivitäten und lustige Ideen

101 lustige Ideen für frisch gebackene Abiturienten

Jetzt, wo du weißt, was für ein Abiturienten-Typ du bist, ist es an der Zeit, die bestandenen Abiturprüfungen zu feiern und das Leben als frisch gebackener junger Erwachsener mit Schulabschluss zu beginnen! Doch wo sollst du nur anfangen? Mit diesen 101 Ideen und Anregungen, was du nach den Abi-Prüfungen an lustigen Dingen machen solltest, hast du mehr als genug Anhaltspunkte dafür, wo du loslegen kannst.

#1: Lerne fremde Kulturen kennen (Weltendecker)

Reise in ein Land, dessen Kultur du nicht kennst - Frankreich und Spanien zählen nicht! Es sollte in Land sein, dessen Sprache du nicht einmal unbedingt sprichst, denn mit Englisch kommst du überall weiter und du lernst etwas ganz Neues kennen. Das erweitert deinen Horizont, zeigt dir die Welt hautnah und du kehrst mit vielen neuen Eindrücken und Erfahrungen zurück. Jetzt hast du Zeit dafür, auch wenn die Reise dich längere Zeit beanspruchen sollte - später im Berufsleben ist das viel schwieriger, sich diese Zeit zu nehmen.

#2: Lerne im Urlaub eine Fremdsprache (Weltendecker)

Apropos Reisen - welche Fremdsprachen hast du in der Schule einigermaßen gelernt? Sprichst du sie wirklich fließend? Unternimm eine Reise in das Land, in dem „deine" Sprachen gesprochen werden, und werde wirklich gut darin. Du bist jetzt noch in einem Alter, in dem das Gelernte so schnell nicht mehr verschwindet. Was du jetzt richtig gut erlernst, das kannst du auch nach vielen Jahren noch, selbst wenn du die Sprache nicht mehr regelmäßig sprechen solltest.

Ich kann dir „Spanisch lernen ¡Vamos! von Sebastian Canales wärmstens empfehlen, falls du Spanisch sprechen können möchtest. Das Buch gibt es günstig bei Amazon!

#3: Nimm einen sozialen Job im Ausland an (Soziale)

Einfach nur reisen ist dir zu wenig? Dann informiere dich darüber, wo du im Ausland helfen und etwas Sinnvolles tun kannst. Begib dich für einige Zeit in ein afrikanisches Dorf und hilf dort als Lehrer aus, räume Müll vom Strand auf, unterstütze ein soziales Projekt in Asien. Es gibt Agenturen, die sich darauf spezialisiert haben, jungen Leuten auf sicherem Wege zu solchen Tätigkeiten zu verhelfen. Das macht sich übrigens auch super im Lebenslauf.

____

____

____

#4: Lege ein FSJ ein (Soziale)

Ein FSJ ist nicht veraltet, sondern eine tolle Gelegenheit für dich, nach den Abi-Prüfungen etwas Sinnvolles mit deiner Zeit anzufangen. Soziales Engagement zeigt dir einen Aspekt des Lebens, den du so noch nicht kanntest, und sagt gegenüber späteren Arbeitgebern über dich aus, dass du kein Egoist bist und gut mit Menschen kannst. Außerdem kann dir ein FSJ die Zeit verschaffen, dich erst einmal selbst zu finden und dich auszuprobieren.

____

____

____

#5: Erstelle eine Leseliste (Zielstrebige)

Welche Persönlichkeiten bewunderst du? Welche Themen interessieren dich, die aber nicht Teil des Schulstoffs waren? Besorge dir Bücher, eBooks oder Hörbücher: Biographien deiner Idole, Fachliteratur über Themen, die dich wirklich begeistern. Du hast später im Leben nie wieder so viel freie Zeit wie jetzt, also nutze sie! Das hilft dir, dich für ein Studium zu entscheiden und herauszufinden, wer du bist und wie du zu den wirklich wichtigen Fragen des Lebens stehst. Außerdem wirkst du gleich viel gebildeter, wenn du über das eine oder andere Thema besser informiert bist als jeder andere.

____

____

____

#6: Entdecke einen „Schatz“ (Brave)

Kennst du eigentlich Geocaching? Alleine in Deutschland gibt es eine 6-stellige Anzahl an Geocaches. Das sind Verstecke überall auf der Welt, an denen jemand etwas hinterlassen hast, was du dann finden kannst. Du benötigst dafür zwar etwas Ausstattung, beispielsweise ein Navigationsgerät, damit du die Geocaches überhaupt finden kannst. Doch dann warten spannende Entdeckungen auf dich und deine Freunde.

____

____

____

#7: Sammle kuriose Pass-Stempel (Brave)

Beantrage am besten gleich, falls du keinen haben solltest, deinen Reisepass und informiere dich darüber, wo du spannende Pass-Stempel sammeln kannst. Das geht beispielsweise auf dem Macchu Picchu in Peru. Behalte diesen Reisepass unbedingt als Erinnerung. Wenn du ihn dir in 10 Jahren anschaust, wenn du mit dem Studium fertig bist und vielleicht sogar deine eigene Familie hast oder im Beruf erfolgreich bist, wird dich das an diese einmalige Zeit deines Lebens erinnern.

____

____

____

#8: Freunde dich mit einem Lehrer an (Soziale)

Deine Lehrer haben dir gegenüber jetzt keinen Auftrag mehr, aber bestimmt interessieren sie sich dafür, wie es mit dir weitergeht. Zu welchem Lehrer hattest du schon immer einen guten Draht? Frag ihn oder sie, ob ihr euch nicht einmal auf einen Kaffee treffen wollt. Daraus kann eine wunderbare Freundschaft entstehen, denn deine ehemaligen Lehrer stehen dir weiterhin gerne mit guten Ratschlägen zur Seite und sind gute Gesprächspartner, auch wenn sie einige Jahre älter sind als du.

____

____

____

#9: Spende Blut (Soziale)

Krankenhäuser auf der ganzen Welt haben Schwierigkeiten damit, genug Spenderblut für ihre Patienten zu bekommen. Es passiert sogar hierzulande bei uns. Als junger Mensch schadet es dir nicht, einmal oder sogar regelmäßig Blut zu spenden. Egal, welche Blutgruppe du hast - es wird gebraucht. Ein kleiner Pieks, der nur kurz wehtut, schon hast du vielleicht ein Menschenleben gerettet. Informiere dich darüber, wo du in deiner Stadt Blut spenden gehen kannst.

____

____

____

#10: Verteile Free Hugs (Soziale)

Die Free Hugs-Bewegung entstand vor einigen Jahren in den großen Innenstädten, wo jeder anonym am ande-
ren vorbeigeht und keiner merkt, wenn es jemand anderem schlecht geht. Ändere das, indem du dich mit deinen Freunden oder allein mit einem Free Hugs-Schild in die Einkaufsmeile stellst und kostenlose Umarmungen anbietest. Das wird nicht jeder mögen und annehmen können, aber einige werden sich darüber freuen. Vielleicht verschönerst du ja auch nur einer Person den Tag, die es dafür aber gerade wirklich braucht?

____

____

____

#11: Reist mit dem Zug durchs Land (Weltendecker)

Für junge Leute bieten die Verkehrsunternehmen gerade in der Ferienzeit günstige Tarife und Fahrkarten - auch für weitere Strecken. Reise zusammen mit deinen besten Freunden durchs ganze Land und schaut euch an, was eure Heimat zu bieten hat. Die Fahrten sind eine gute Gelegenheit, euren Erfolg beim Abi gemeinsam zu feiern. Danach steigt ihr einfach aus, wo ihr wollt, erkundet neue Städte oder verschwindet gemeinsam in der Natur, solange ihr wollt.

____

____

____

#12: Pilgere auf dem Jakobsweg (Weltendecker)

Vielleicht musst du jetzt lachen, doch der Jakobsweg hat schon so manchen Menschen eine Erkenntnis gebracht. Nicht umsonst ist er so beliebt. Gerade nach dem Abi, wenn es draußen warm und angenehm wird, bietet es sich an, entweder allein, mit deinem besten Freund oder Freundin oder in einer Gruppe dort entlangzuwandern. Ihr müsst nicht gleich die ganze Strecke laufen, bereits ein kleines Stück kann eine prägende Erfahrung für euch werden.

____

____

____

#13: Verbrenne alte Schulsachen (Unentschlossene)

Bestimmt gab es ein Schulfach, mit dem du nichts anfangen konntest, oder einen Lehrer, den du nicht ausstehen konntest? Verabrede dich mit deinen Freunden zu einer Grillparty und zum Schluss kommt das Beste auf den Rost: die alten Schulsachen, die du nicht mehr sehen willst! Vielleicht schafft ihr es, ein Lagerfeuer zu organisieren, das hat einen ganz besonderen Reiz und wird unvergesslich. Diese Idee eignet sich auch, um eure Party nach den Prüfungen aufzupeppen.

#14: Bestellt ohne Auto Essen im Drive-In (Clowns)

Verabredet euch zum Essen in eurem liebsten Fast-Food-Restaurant und nutzt dabei den Drive-In, aber ohne Auto. Wie dann? Das ist die Herausforderung! Auf dem Pferd, auf dem Bobby Car, zu Fuß, zwei verkleiden sich als Esel und der Dritte reitet auf dem „Reittier"... eurer Fantasie sind keine Grenzen gesetzt. Noch seid ihr in einem Alter, in dem ihr das dürft! Der Blick des Mitarbeiters wird absolut unbezahlbar sein...

#15: Verbringe eine Nacht unter freiem Himmel (Unentschlossene)

Fahre allein oder mit deinen Freunden am besten gleich nach euren Prüfungen an den See, tief in den Wald oder auf einen Hügel. Hauptsache, ihr könnt dort nachts die Sterne sehen. Nehmt euch Decken, Essen und Trinken mit und genießt eine Nacht unter freiem Himmel. Es darf ruhig auch alkoholisch werden, denn da ihr draußen übernachtet, muss keiner mehr nach Hause fahren. Die Ruhe bringt euch näher zusammen und lässt euch nach dem Prüfungsstress abschalten.

#16: Sag einen Tag zu allem „Ja“ (Clowns)

Deine Freunde wollen an den See? Spontan verreisen? Etwas Verrücktes machen? Suche dir einen Tag aus, an dem du zu allem ja sagst! Ihr könnt das auch zusammen tun und sehen, wo euch das hinführt. Wacht ihr am nächsten Morgen in einem fremden Land auf? Habt ihr etwas gemacht, was ihr euch vorher nie getraut habt? Egal, was passiert - das Wort „nein“ hat heute in deinem Wortschatz keinen Platz mehr.

____

____

____

#17: Ändere für einen Tag deinen Look (Clowns)

Kleidest du dich normalerweise eher schick, cool, bequem, gammlig? Ändere das für einen Tag! Oder tausche mit einem Freund für einen Tag die Outfits. Jeder stellt für den anderen etwas zusammen. Drinnen sitzen zählt heute aber nicht, du musst dann auch rausgehen und sehen, wie deine Mitmenschen auf deinen Sinneswandel reagieren. Erkennen sie dich überhaupt noch? Steht dir ein anderer Look vielleicht unerwartet gut?

____

____

____

#18: Lüge einen Tag lang nicht (Clowns)

Wusstest du eigentlich, dass jeder von uns täglich mehrmals lügt? Das ist keine böse Absicht, gemeint sind Notlügen oder eine Verbiegung der Wahrheit, damit es für dich bequemer wird. Mach dir das für einen Tag bewusst und verzichte darauf, selbst kleine Notlügen zu erzählen. Was verändert sich dadurch in deinem Alltag? Gehen deine Mitmenschen anders mit dir um? Vielleicht kannst du dir ja künftig die eine oder andere kleine Notlüge sparen, denn du merkst, dass du sie gar nicht brauchst.

#19: Bleibe einen Tag offline/ Social-Media Detox (Zielstrebige)

Du schaust bestimmt jeden Tag öfter auf Instagram, Snapchat, Facebook, WhatsApp... öfter, als du unbedingt müsstest. Lass für einen Tag das Internet aus. Du verpasst nichts. Im Moment wirkt die Vorstellung noch unheimlich auf dich, aber du wirst merken, dass es gar nicht so schlimm ist, wenn du einen Tag nicht sofort alles siehst, was deine Freunde ohne dich machen. Und du musst dir überlegen, wie du stattdessen deine Zeit füllst...

#20: Frage Fremde nach Autogrammen (Clowns)

Trefft euch in der Innenstadt und fragt einen Tag lang fremde Leute nach Autogrammen, als seien sie berühmt. Natürlich kannst du das auch alleine machen, das erfordert aber schon mehr Mut von dir. Die Reaktionen deiner Mitmenschen werden unbezahlbar sein! Manche werden es ablehnen, aber am Ende des Tages habt ihr eine interessante Sammlung von Autogrammen von Leuten, die bestimmt mindestens genauso spannend sind wie Promis. Rahmt eure „Beute" am Ende des Tages als Erinnerung ein.

____

____

____

#21: Betreibe einen Tag Ahnenforschung (Zielstrebige)

Wer waren eigentlich deine Großeltern? Was weißt du über deine Urgroßeltern? Nimm dir einen Tag Zeit, das herauszufinden. Fahre deine Verwandten besuchen und lass sie aus ihrem Leben erzählen. Überlege dir, was du gerne von ihnen wissen möchtest. Kennst du eigentlich die Liebesgeschichten deiner Oma, als sie so alt war wie du? Weißt du, wie es deiner Tante in ihrer Abi-Zeit ging und in welchen Fächern deine Verwandten gut oder schlecht waren?

____

____

____

#22: Schreie, so laut du kannst (Unentschlossene)

Fahre allein oder mit Freunden weit, weit hinaus in den Wald oder auf einen Berg und dann schreit den Stress eurer vergangenen 2 Jahre in der Oberstufe hinaus. Macht einen Wettbewerb daraus. Der Erste fängt ganz leise an, der nächste schreit ein bisschen lauter und am Ende gewinnt, wer am lautesten schreien kann. Vielleicht kommst du dir am Anfang bescheuert dabei vor, aber die Abi-Zeit war anstrengend und das tut gut, um Stress abzubauen.

____

____

____

#23: Wage einen Bungee- oder Fallschirmsprung (Unentschlossene)

Der Sprung ins Ungewisse steht dir nach den Abi-Prüfungen ohnehin bevor. Wage ihn im wahrsten Sinne des Wortes. Etwas Mut erfordert das schon. Wenn du Höhenangst hast, muss es kein hoher Sprung sein, doch gerade dann kann das Ganze eine echte Erfahrung für dich werden. Wenn du wirklich Angst hast, kann auch die Anwesenheit eines Freundes helfen. Einen Fallschirmsprung beispielsweise könnt ihr auch zu zweit machen - das vergesst ihr nie wieder.

____

____

____

#24: Eine Bücherei besuchen (Zielstrebige)

Klingt veraltet? Ist es aber nicht! Besuche einen Tag eine Bibliothek deiner Wahl, das kann die städtische Bücherei oder die Uni-Bib sein. Gerade in der Bibliothek einer Hochschule kannst du erste Uni-Luft schnuppern und austesten, ob es dir dort gefällt, bevor deine Entscheidung fällt. Egal, wo du hingehst, beschäftige dich einen Tag mit den Büchern, die du dort findest. Schmökere in Romanen, anspruchsvoller Fachliteratur, Ratgeber... bestimmt kommst du mit vielen spannenden Eindrücken nach Hause.

____

____

____

#25: Renne einen Tag überall hin (Clowns)

Heute ist der Tag, an dem du nicht gehst, sondern rennst. Das beginnt morgens, indem du ins Bad rennst und dann in die Küche. Wenn du dich mit Freunden triffst, gehst du nicht zum Treffpunkt, sondern rennst oder joggst dorthin. Eines ist sicher - nach diesem Tag hast du dich mehr als nur ausreichend sportlich betätigt, um dir zum Abendessen eine Pizza und einen Nachtisch zu gönnen.

____

____

____

#26: Besucht einen Indoor-Spielplatz (Clowns)

Deine Freunde und du habt die letzten 2 Jahre den Ernst des Lebens gespürt, doch jetzt habt ihr es geschafft. Feiert das mit einem ausgelassenen Spieltag im Indoor-Spielplatz! Ihr fühlt euch zu alt? Bestimmt werdet ihr dort kaum auffallen und es dauert nicht lang, bis ihr euch wieder wie kleine Kinder fühlt und Spaß habt. Falls es bei dir in der Nähe keinen Indoor-Spielplatz gibt, dann vielleicht eine Hüpfburg, einen Trampolinpark oder einen ganz normalen Spielplatz im Freien.

#27: Schreibe einen Brief (Brave)

Wann hast du das letzte Mal einen handgeschriebenen Brief verschickt? Hast du das überhaupt schon einmal gemacht? Dann wird es jetzt höchste Zeit. Das ist viel persönlicher als jede kurze SMS oder WhatsApp. Besonders ältere Verwandte freuen sich darüber, denn sie kennen es nur so. Du könntest dich mit einem Brief aber auch bei einem Lehrer bedanken, dem du viel zu verdanken hast und der das noch gar nicht weiß.

#28: Gehe mit Tierheimhunden spazieren (Soziale)

Biete deinem Tierheim an, mit ihren Hunden spazieren zu gehen. Die Vierbeiner freuen sich darüber und das Tierheim kann dank deiner Hilfe Personal einsparen. Außerdem tut es auch dir gut, nach der anstrengenden Abi-Zeit rauszukommen und Zeit mit Tieren zu verbringen. Wenn du mit Hunden nicht gut kannst, kannst du dich auch anbieten, mit anderen Tieren zu helfen, beispielsweise kannst du mit den Katzen spielen oder bei den Nagetieren sauber machen.

____

____

____

#29: Besuche ein Holi-Festival (Weltendecker)

Holi ist das indische Festival der Farben und macht Spaß! Dabei bewerfen sich die Anwesenden mit Farbbomben - das sind Ballons, die mit harmloser Farbe befüllt sind. Bei einem Holi-Festival kannst du den Stress deiner letzten 2 Jahre in der Oberstufe abbauen und dich und deine Freunde so richtig einsauen. Hier kommt niemand ohne Farbkleckse raus und je mehr du abbekommst, desto besser. An der Kleidung, die du zum Holi-Festival trägst, solltest du also nicht unbedingt hängen...

____

____

____

#30: Veranstalte eine Movie Night (Unentschlossene)

Welche Filmreihe habt ihr noch nicht gesehen? Star Wars, Herr der Ringe, Twilight? Sucht euch eine Serie aus und schaut alle Filme in einer Nacht durch. Einer bereitet die Knabbereien zu, andere bringen das Bier mit - und dann heißt es: wer einschläft, verliert!
Besonders, wenn ihr schlechte Filme aussucht, macht es oft am meisten Spaß. Denn wenn ihr in Stimmung seid, ertragt ihr jeden noch so miesen Film und könnt euch zusammen darüber lustig machen.

____

____

____

#31: Typveränderung (Clowns)

Was wolltest du schon immer einmal an dir selbst ändern? Jetzt ist die Zeit reif! Wolltest du gerne eine neue Frisur ausprobieren? Dann geh zum Friseur und tu es. Wenn es schief geht, sieht dich bis zum Beginn des Studiums oder der Ausbildung doch sowieso niemand. Wolltest du einen anderen Kleidungsstil als bisher testen oder willst du wissen, wie du mit neuem Make-Up aussiehst? Verändere an dir, was du dir anders wünschst.

____

____

____

#32: Ein Tag ohne Styling (Clowns)

Die Mädels probieren aus, einen Tag ungeschminkt und ohne Haarstyling zu überstehen. Für die Jungs heißt es: kein Haargel, kein Rasierer und kein Aftershave. Erlaubt ist nur, zu duschen und die Haare zu bürsten oder zu kämmen, aber mehr nicht. Fühlst du dich unwohl? Oder merkst du, dass es eigentlich auch ohne geht und dass du kein Styling brauchst, um du selbst zu sein? Probiere es aus - dann weißt du, ob das alles für dich wirklich so wichtig ist.

#33: Verbringe eine Nacht in der Schule (Unentschlossene)

Schlaft eine Nacht in eurer alten Schule. Wenn das nicht erlaubt ist, könnt ihr versuchen, wenigstens auf dem Pausenhof zu campen - klettert an einer unauffälligen Stelle über den Zaun und achtet darauf, leise zu sein und niemanden zu stören. Vielleicht gibt es auch ein Schwimmbad oder ein verlassenes, aber sicheres altes Gebäude, in dem ihr das machen könnt, wenn es in der Schule gar nicht geht.

#34: Mache einen Besuch im Altenheim (Soziale)

Alte Menschen haben oft wenig Gesellschaft und du hast nach dem Abi viel Zeit. Wenn du selbst Verwandte dort hast, geh sie besuchen. Sie freuen sich auf dich und sind bestimmt stolz darauf, was du erreicht hast. Wenn nicht, dann kannst du dich freiwillig melden und es einmal ausprobieren. Vielleicht gefällt es dir ja und du findest darin ein neues Ehrenamt, das du gerne öfter ausüben würdest?

#35: Organisiere eine Plogging-Runde (Soziale)

Plogging ist eine schwedische Trend-Sportart und bedeutet, dass du bei einer Joggingrunde Müll sammelst. Organisiere ein Event unter Freunden und sucht euch eine Stelle in eurer Stadt, die das gebrauchen kann. Du brauchst dabei nichts zu beachten, joggen und dabei Müll sammeln dürft ihr jederzeit. Allerdings solltet ihr dabei Handschuhe tragen und gefährliche Abfälle wie Spritzennadeln nicht anfassen, sondern der Stadt melden, damit ihr euch keine Krankheiten einfangt und der Abfall richtig entsorgt werden kann.

#36: Springe vom 10-Meter-Turm (Unentschlossene)

In der Sommerferienzeit haben die Schwimmbäder geöffnet und du kannst jeden Tag hingehen. Springe im wahrsten Sinne des Wortes über deinen eigenen Schatten und hüpfe vom 10-Meter-Turm! Wenn du das noch nie gemacht hast, kannst du erst mit den kleineren Türmen beginnen und dich dann vorarbeiten. Dann wirken die 10 Meter gar nicht mehr so unheimlich. Oder du gehörst zu den Mutigen und wagst dich gleich auf den höchsten Sprungturm - deine Entscheidung.

____

____

____

#37: Macht eine Interrail-Tour (Weltendecker)

Bahntickets durch ganz Europa für junge Leute sind gar nicht so teuer. Dafür kommt ihr aber leicht von A nach B und könnt einen Sommer lang die Welt entdecken. Kauft euch ein Interrail-Ticket und fahrt einfach drauflos. Ein Hotel oder ein Zimmer in einer Privatunterkunft findet ihr überall, könnt es aber natürlich auch schon vor eurer Reise organisieren und seid auf der sicheren Seite. Dabei seid ihr ganz flexibel und könnt überall hinfahren, worauf ihr gerade Lust habt.

____

____

____

#38: Nimm einen Tag einen Luftballon mit (Clowns)

Nimm auf dem nächsten Volksfest einen mit Helium gefüllten Ballon mit und nimm ihn einen Tag überall mit hin, wo du auch hingehst. Auf den ersten Blick wirkt das vielleicht bescheuert und die Blicke deiner Mitmenschen sind dir gewiss. Du bekommst dadurch allerdings ein Gefühl für Verantwortung und lernst, was es bedeutet, auf einen Gegenstand achten zu müssen. Der Schritt zu einem Haustier oder einem Menschen ist dann nicht mehr weit.

____

____

____

#39: Pflanze etwas an (Brave)

Magst du Tomaten, Zucchini oder Paprika? Dann pflanze sie selbst an! Du brauchst dazu oft nicht mehr als einen Topf, Erde, Samen und Wasser. Genauso gut kannst du eine Eichel aus dem Wald einsammeln und diese anpflanzen, irgendwo draußen in der Natur - dort wächst dann über die nächsten Jahrzehnte dein Baum, den du in diesem entscheidenden Moment deines Lebens gleich nach dem Abi eingepflanzt hast. Zu diesem Ort kannst du später immer wieder zurückkehren.

____

____

____

#40: Sage einen Tag zu allem nein (Clowns)

Der Ja-Sager-Tag war dir zu langweilig? Dann kehre ihn ins Gegenteil um und sage einen Tag lang zu allem nur noch nein. In der Gruppe macht das besonders viel Spaß, denn jetzt wisst ihr, welche Antwort kommt, und könnt euch gegenseitig Fragen und Challenges so stellen, dass die Nein-Antwort zu einem witzigen Ergebnis führt. Ganz nebenbei machst du dabei die Erfahrung, wie es ist, auch einmal nein zu sagen und nicht alles zu machen.

____

____

____

#41: Iss etwas Ekliges (Clowns)

Was würdest du niemals essen wollen? Kaviar? Sardellen? Kapern? Geht zusammen durch den Supermarkt und kauft für jeden von euch etwas, wovor ihr euch ekelt - und dann probiert es. Das ist eine spannende Mutprobe und wer weiß... vielleicht kommt einer von euch ja noch auf den Geschmack? Geschmäcker ändern sich immer wieder und was dir heute nicht schmeckt, danach leckst du dir in ein paar Jahren vielleicht die Finger?

____

____

____

#42: Dreht einen Abi-Film (Zielstrebige)

Trommelt ein paar Freunde zusammen und dreht einen Film über eure Zeit in der Schule. Noch gehen die jüngeren Schüler zum Unterricht, wenn ihr schon längst fertig seid. Was spricht dagegen, überraschend ins Klassenzimmer zu schneien und eure Lieblingslehrer beim Unterricht zu filmen, Anekdoten aus diesem Klassenzimmer in die Kamera zu sprechen und euren Nachfolgern den Tag zu versüßen? Oder ihr dreht außerhalb der Schule eine Parodie eures Lieblingsfilms und schreibt ihn um...

____

____

____

#43: Besuche eine Vorlesung als Gasthörer (Zielstrebige)

An beinahe allen Hochschulen kannst du als Gasthörer an Vorlesungen teilnehmen, zum Schnuppern geht das unkompliziert. Setze dich in eine Vorlesung eines Fachs, das du zwar bestimmt nicht studieren willst, das sich aber trotzdem auch spannend anhört. Vorbereitung aufs Studium ist das nicht, doch du erfährst interessante Dinge und kannst erahnen, wie es ist, wenn du irgendwann selbst hier sitzt. Oder ist die Vorlesung so interessant, dass sie deine Studienwahl in Frage stellt?

____

____

____

#44: Macht ein Fotobuch (Brave)

Verabredet euch für einen Ausflug oder eine witzige Aktion und macht dabei so viele Handyfotos, Selfies und Bilder, wie ihr nur könnt. Aus den Bildern dieses gemeinsamen Tages macht ihr zum Schluss ein Fotobuch und jeder, der dabei war, bekommt eins. Im Studium und in der Ausbildung wird es schwere Tage geben - dann blättert ihr euch einfach durch eure Erinnerungen an diesen tollen Tag und die Welt sieht schon wieder viel positiver aus.

____

____

____

#45: Besuche kranke Menschen im Krankenhaus (Soziale)

Freiwilligendienste gibt es viele und einer davon sind Krankenbesuche für Menschen, zu denen sonst keiner kommt. Dafür kannst du dich freiwillig melden und im Krankenhaus deiner Stadt vorbeischauen, um anderen Menschen den Tag zu versüßen, denen es nicht so gut geht wie dir. Du kannst beispielsweise auf der Kinderstation vorlesen, erwachsenen Patienten zuhören oder mit Gleichaltrigen Zeit verbringen. Sie freuen sich darüber sehr und du hast etwas wirklich Sinnvolles getan.

____

____

____

#46: Fange eine neue Sportart an (Zielstrebige)

Ob du eine Sportskanone bist oder eher deine eigenen Entschuldigungen für den Sportunterricht geschrieben hast - suche dir etwas, worauf du wirklich Lust hast, und fange damit an. Schließe dich einem Verein an, schau dir auf YouTube Tutorials dazu an oder besuche einen Intensivkurs. Finde heraus, ob dir die neue Sportart wirklich Freude bereitet, und wenn nicht, probierst du es einfach mit der nächsten auf deiner Liste, bis du etwas hast, was du gerne beibehalten möchtest.

____

____

____

#47: Verschicke eine Flaschenpost (Brave)

Schreib etwas auf, was dich wirklich bewegt, dann stecke den Brief in eine Flasche und lass sie im nächsten Fluss wegschwimmen. Vielleicht beschäftigt es dich noch, dass du eine bestimmte Prüfungsfrage falsch beantwortet hast, du bist noch nicht über deine letzte Beziehung hinweg oder weißt noch nicht, was du im Leben erreichen willst? Schreib es auf! Wenn du willst, kannst du deine Kontaktdaten dazuschreiben. Der Finder der Flaschenpost hat dir vielleicht etwas zu deinen Zeilen zu sagen.

____

____

____

#48: Sei mal einen Tag alleine (Brave)

Warst du schon einmal einen ganzen Tag so richtig alleine? Dass deine Eltern noch irgendwo im Haus sind, zählt nicht. Verbringe einen Tag einmal nur mit dir selbst. Antworte auf keine Nachricht, telefoniere mit niemandem und rede nur das Nötigste, beispielsweise beim Frühstück. Du könntest dazu einen langen Waldspaziergang machen oder einen Tag alleine an den See fahren und dort herausfinden, was du denkst, wenn du den Freiraum dazu hast.

#49: Sag einen ganzen Tag gar nichts (Clowns)

Die Steigerungsform davon ist es, einen Tag nicht zu sprechen und auch nicht anders zu kommunizieren. Bereite dein Umfeld unbedingt darauf vor. Das kann ganz witzig sein, denn du wirst lernen müssen, dich anders als bisher zu artikulieren. Zusammen mit einigen Freunden kannst du ausmachen, dass ihr alle an diesem Tag nicht sprechen dürft, dann wird es umso lustiger. Außerdem fordert das deine Kreativität heraus.

#50: Übernachte im Auto (Unentschlossene)

Setz dich ins Auto, fahre irgendwo hin und übernachte dort an einer sicheren Stelle. Du kannst dir einen Film herunterladen und diesen allein für dich schauen, ein Buch lesen oder auch einfach nur den Sternenhimmel anschauen. Klappe die Rückbank um und nimm eine Decke mit, dann ist es nicht so unbequem. Am nächsten Morgen fährst du wieder zurück nach Hause und hast vielleicht etwas Interessantes geträumt oder auch einfach nur den Sonnenaufgang erlebt.

____

____

____

#51: Lerne eine typische Erwachsenen-Tätigkeit (Zielstrebige)

Weißt du eigentlich, wie man Wäsche wäscht, kocht, einen Weinfleck vom Teppich entfernt oder den Rasen mäht? Lass dir von deinen Eltern, einem anderen Erwachsenen oder dem Internet zeigen, wie es geht. Lerne eine Fähigkeit, die du als Erwachsener irgendwann brauchen wirst. Vielleicht kannst du deine Eltern an diesem Abend mit einem selbst gekochten Abendessen oder einem super gepflegten Garten überraschen, mit dem sie nicht gerechnet hätten. Zumindest aber hast du etwas gelernt, was dir später noch weiterhelfen wird.

____

____

____

#52: Finde ein neues Hobby (Zielstrebige)

Egal, ob du gleich ins Studium wechselst oder erst einmal ein Jahr Auszeit nimmst - anstrengend wird das Leben früh genug. Nimm dir doch jetzt die Zeit, einen Ausgleich dazu zu finden. Was wolltest du schon immer mal ausprobieren? Reiten, zeichnen, bouldern? Jetzt ist die richtige Zeit, verschiedene Dinge auszuprobieren, bei denen du dann auch bleiben möchtest. Später wird dir das als Ventil dienen, wenn es wieder stressiger im Leben zugeht.

#53: Werde ein „großes Geschwisterchen" (Zielstrebige)

In vielen Städten gibt es Programme für sozial benachteiligte Kinder und Teens, denen ein „großes Geschwisterkind" zugeteilt wird - das kannst du sein. Zusammen mit der neuen Familie werden Hausaufgaben gemacht, Unternehmungen und Ausflüge geplant und eine gute Zeit verbracht. Dasselbe gibt es auch für behinderte Kinder. Schenke einem Kind oder Jugendlichen deine Zeit, der sie wirklich brauchen kann und dem du zeigen kannst, dass das Leben auch schön sein kann, wenn man etwas Unterstützung von außen bekommt.

#54: Beteilige dich an kommunalen Projekten (Soziale)

Was tut eigentlich deine Stadt für den Umweltschutz, für Flüchtlinge, für die Inklusion? Informiere dich darüber, welche Initiativen es gibt, um deine Stadt schöner zu machen. Vielleicht gibt es einen Stadtgarten, Müllsammler oder Begegnungs-Events. Häufig werden diese Initiativen gar nicht von der Stadt selber organisiert, sondern von Privatleuten, die Lust darauf haben, etwas zu bewegen. Schließe dich einer sinnvollen Sache an, die Spaß macht.

____

____

____

#55: Erstelle eine Bucket List (Zielstrebige)

Die Bucket List oder „Löffelliste" ist eine Liste mit Erfahrungen, die du unbedingt machen willst, bevor du den Löffel abgibst. Während der Abi-Zeit hattest du dafür keinen Kopf. Jetzt aber kannst du dir realistisch Gedanken darüber machen, was du eigentlich vom Leben willst. Denke ruhig in großen Schritten und in Jahrzehnten. Willst du alle Kontinente bereisen? Gibt es ein kulturelles Event, bei dem du unbedingt einmal dabei gewesen sein willst? Schreib alles auf, davon hast du noch lang etwas!

____

____

____

#56: Trau dich etwas (Unentschlossene)

Wovor hattest du in der Schulzeit Angst? Gibt es einen Schwarm, dem du nie sagen konntest, dass du ihn magst? Oder hast du immer noch Angst vor Monstern unter deinem Bett, wenn du nachts aufwachst? Stelle dich einer Angst und trau dich etwas, was du zur Schulzeit nie gemacht hättest. Sag ihm oder ihr, dass es zwischen euch gefunkt hat! Wer weiß, vielleicht entsteht ja etwas ganz Unerwartetes daraus? Wenn nicht, dann bist du um eine Erfahrung reicher.

#57: Räume deinen Freundeskreis auf (Zielstrebige)

Wahre Freunde hinterfragt man nicht. Sie sind da, wenn du sie brauchst, und du bist für sie da. Mit wem warst du nur aus bestimmten Gründen befreundet? Mit wem verstehst du dich gar nicht so gut, wie du dachtest? Hinterfrage deine Freunde aus der Schulzeit und habe den Mut, dich von Freunden zu trennen - oder guten Freunden zu sagen, wie wichtig sie dir sind und bleiben werden.

____

____

____

#58: Lies einen Ratgeber (Zielstrebige)

Such dir ein sonniges Plätzchen, mach dir eine kühle Limo auf... und kaufe dir ein Ratgeberbuch zu einem spannenden Thema. Es darf sich um alles drehen. Kochen, Life Skills, Business-Knigge, was du möchtest. Wichtig ist nur, dass er für Erwachsene geschrieben ist, denn das bist du jetzt und wirst in jedem Fall etwas daraus lernen können. Hinterfrage kritisch, was du liest, und entscheide für dich selbst, ob du das in deinem Leben umsetzen willst.

____

____

____

#59: Tanze im Regen (Clowns)

Auf den ersten Blick klingt das vielleicht bescheuert, aber tu es trotzdem! Du wirst überrascht sein, wie befreiend so ein Regentanz sein kann. Deine Haare und Klamotten werden nass? Du tanzt barfuß durch den Schlamm? Egal! Du hast gerade alle Zeit der Welt. Klamotten können gewaschen werden, Haare trocknen von allein und der Matsch fühlt sich ganz gut an, oder? Lass dich einfach auf den Moment ein und genieße, dass du so bescheuert sein kannst.

____

____

____

#60: Verdiene Geld - und „verschwende" es (Clowns)

Such dir eine Tätigkeit, mit der du schnell etwas Geld verdienen kannst. Notfalls bitte deine Eltern um eine Aufgabe im Haushalt, die sie dir zahlen. Hauptsache, du hast etwas dafür getan. Und dann gibst du dein Geld für etwas Sinnloses aus. Ein T-Shirt, das du nie tragen wirst, oder ein überteuertes Eis. Wie fühlt sich das an? Macht es Spaß, ab und zu etwas Sinnloses zu kaufen, oder bist du eher der sparsame, vernünftige Typ?

____

____

____

#61: Hole verpassten Schulstoff nach (Zielstrebige)

Was hast du im Unterricht nie ganz verstanden? Waren es die binomischen Formeln oder die Gründe für den Ausbruch des Zweiten Weltkriegs? Nimm dir ein Thema vor und werde darin richtig gut. Versuche es erst alleine, denn so schwer ist es meistens gar nicht und es gibt tolle kostenlose Erklärungsvideos online. Wenn es gar nicht geht, frage deine Eltern, ehemalige Mitschüler oder auch den Lehrer von damals - Hauptsache, es sitzt danach.

____

____

____

#62: Lasse deine Zukunft vorhersagen (Weltendecker)

Geh zu einem Wahrsager und lass dir alleine oder mit Freunden vorhersagen, was in deiner Zukunft auf dich wartet. Du musst nicht daran glauben, doch das Ergebnis wird bestimmt lustig. Auf Volksfesten findet ihr heute noch Wahrsager - oder ihr macht es online, solange es nicht zu viel kostet. Ihr könnt euch auch einfach selbst Tarotkarten kaufen und lesen, wie es geht, dann kostet euch der Spaß nur die Karten und ist genauso witzig.

____

____

____

#63: Besuche ein Konzert oder Festival (Weltendecker)

Dieser Sommer ist dein Sommer, also besuche ein Konzert oder gleich ein ganzes Festival und erlebe unvergessliche Momente. Am meisten Spaß macht das mit Freunden, die ebenfalls gerade ihr Abi bestanden haben und das feiern wollen. Zeltet draußen, esst Ravioli aus der Dose und flucht über den blöden Campingkocher, der einfach nicht angehen will. Ihr seid jetzt genau im richtigen Alter dafür, jetzt macht es am meisten Spaß.

____

____

____

#64: Demonstriere für eine gute Sache (Soziale)

Warst du schon einmal auf einer Demonstration? Das gehört zu deinen Rechten und du hast jetzt die erforderliche Bildung, um dir eine vernünftige Meinung zu den wichtigsten Themen der Gesellschaft zu bilden. Vertrete sie und schließe dich einer friedlichen, angemeldeten Demo für eine gute Sache ein, hinter der du stehst. Die Erfahrung ist einzigartig, du lernst dabei interessante neue Leute kennen und tust etwas sehr Reifes, schließlich bist du jetzt auch erwachsen.

____

____

____

#65: Werde ein Füllwort los (Zielstrebige)

Hast du früher in Referaten immer „ähm", „keine Ahnung" oder etwas anderes gesagt, was eigentlich gar keinen Sinn macht? Dann werde diese Worte jetzt los! Lass deine Freunde mit einem Ähm-Zähler kontrollieren, wie oft du dein Füllwort sagst. Jeder soll dich darauf hinweisen und du sollst es dir auch selbst bewusst machen. Wenn du solche Worte nicht mehr brauchst, lässt dich das viel selbstsicherer wirken - das wirst du bald selbst bemerken.

____

____

____

#66: Mach Selfies zusammen mit deinen „lieblings" Lehrern (Brave)

Welche Lehrer haben dich inspiriert, dir etwas beigebracht oder dir einfach eine gute Zeit beschert? Geh in der Pause zurück in die Schule und bitte sie, ein Selfie mit dir zu machen. Die Selfies kannst du beispielsweise ausdrucken und darunterschreiben, wer dieser Lehrer ist und was ihn oder sie für dich so wichtig und besonders macht. Oder behalte sie auf deinem Handy und schaue sie dir immer wieder an, wenn du Zuspruch brauchst.

____

____

____

#68: Organisiert ein Abschiedsgeschenk für einen Lehrer (Brave)

Apropos gute Lehrer... überlegt euch gemeinsam ein schönes Geschenk zum Abschied für einen ganz besonderen Lehrer. Was würde er oder sie gerne einmal tun? Legt zusammen und erfüllt eurem Ex-Pauker einen großen Wunsch als Dankeschön für die gemeinsame Zeit. Damit bleibt ihr nicht nur als coolster Abi-Jahrgang in Erinnerung, sondern macht einem guten Lehrer eine Freude und motiviert ihn, genauso weiterzumachen wie bisher.

____

____

____

#69: Mach ein Freunde-Fotobuch (Soziale)

Welche Freunde haben dir während der Oberstufe geholfen, weil sie für dich da waren, dich abschreiben lassen oder ihr Pausenbrot mit dir geteilt haben? Mach aus euren gemeinsamen Momenten für jeden von ihnen ein Fotobuch mit persönlichen Texten und witzigen Anekdoten. Das ist dein Abi-Geschenk für sie, wenn ihr die Prüfungen alle bestanden habt. Außerdem kannst du deine Skills in Bildbearbeitung und Grafik einsetzen und das Fotobuch so richtig schön und individuell gestalten.

____

____

____

#70: Male oder zeichne etwas - aber richtig gut (Zielstrebige)

Kunst war nicht dein starkes Fach? Dann wartet jetzt eine Herausforderung auf dich! Überlege dir ein Motiv, das du so wichtig gut malen, zeichnen oder digital am PC illustrieren willst. Ob du es mit Kohle und Bleistift oder einem Grafikprogramm machst, ist zweitrangig. Viel wichtiger ist, dass du es einmal richtig gut hinbekommst und dabei vielleicht einen neuen künstlerischen Stil kennen lernst, den ihr im Kunstunterricht nicht durchgenommen habt. Wenn es schief geht, fängst du einfach von vorn an.

____

____

____

#71: Sprich einen Tag in der „Vong-Sprache“ (Clowns)

Jeder kennt und liebt die Vong-Sprache. Versuche vong Sprache her, 1 Tag so zu sprechen. Das hört sich einfacher an, als es ist. Die echten Sprachtalente unter euch werden neue Schreibweisen und Wörter kreieren und kaum noch verstanden werden. Für alle anderen wird es auf jeden Fall witzig. Am meisten Spaß macht das Ganze, wenn ihr es im ganzen Freundeskreis so macht und alle dabei mitmachen.

____

____

____

#72: Kaufe dir selbst ein Abi-Geschenk (Clowns)

Geh in die Innenstadt oder ins Internet und suche dir etwas aus, was du dir selbst zum bestandenen Abi schenken möchtest. Das kann ein Buch sein, eine Reise oder ein schickes Kleid. Es darf ruhig größer ausfallen, denn als Abiturient hast du dir redlich etwas verdient. Vielleicht haben dir Familie und Freunde ja ein Geldgeschenk gemacht, das du jetzt ausgeben kannst, wofür du möchtest?

____

____

____

#73: Lege Geld an (Zielstrebige)

Apropos Geldgeschenk... jetzt als frisch gebackener Abiturient und junger Erwachsener musst du vernünftig denken. Lege einen kleinen Geldbetrag an, beispielsweise auf einem Sparbuch. Lasse dir von deinen Eltern oder gleich von deinem Bankberater erklären, wie das geht und was am meisten Sinn macht. Falls du schon ein Konto hast, dann mache einen Termin bei der Bank und lasse dich beraten. Bestimmt haben sie gute Ideen für junge Leute - und vielleicht macht es dir ja richtig Spaß, Geld zu sparen?

____

____

____

#74: Sprich mit eurem Schulpsychologen, falls es einen gibt! (Zielstrebige)

Jeder frisch gebackene Abiturient macht sich Gedanken oder sogar regelrechte Sorgen um die Zukunft. Vielleicht hast du während der Schulzeit auch Erfahrungen gemacht, die nicht so schön waren. Bitte euren Schulpsychologen oder Vertrauenslehrer um ein Gespräch unter vier Augen und erzähle ihm oder ihr davon. Was kannst du sonst niemandem sagen? Was beschäftigt dich? Welche Eindrücke aus den letzten 2 Jahren der Oberstufe hast du gesammelt? Das hilft dir, Klarheit zu finden und mit deiner Schulzeit gut abzuschließen.

#75: Nimm Kontakt zu einem verflossenen auf (Soziale)

In deiner Schulzeit ist bestimmt einmal jemand sitzen geblieben und musste die Klasse wiederholen. Wie geht es demjenigen heute? Nächstes oder übernächstes Jahr macht auch er Abi - oder ist an einer ganz anderen Schule, vielleicht sogar schon in der Ausbildung. Nimm Kontakt auf und finde heraus, was aus eurem Sitzenbleiber geworden ist. Vielleicht kannst du ja Erfahrungen und Tipps weitergeben und ihm helfen, es auch noch zu schaffen?

#76: Schau täglich Nachrichten oder abonniere eine Zeitung (Zielstrebige)

Schau dir für eine Woche jeden Tag die Nachrichten an, höre sie als Podcast oder lies eine Zeitung oder Zeitschrift über das aktuelle Zeitgeschehen. Probiere das erst einmal nur für einen bestimmten Zeitraum aus, dann gewöhnst du dich daran. Vielleicht stellst du ja fest, dass du gleich viel besser mitreden kannst und eine qualifiziertere Meinung zu gesellschaftlichen Themen entwickelst? Wenn dir das gefällt, behalte die Gewohnheit bei und finde heraus, wie du am liebsten Nachrichten konsumierst.

____

____

____

#77: Koche für deine Familie ein Abendessen (Brave)

Du bist jetzt erwachsen und deine Eltern haben bisher immer dafür gesorgt, dass ihr Essen bekommen habt, wenn ihr aus der Schule gekommen seid. Bedanke dich bei ihnen dafür, indem du dich revanchierst. Überlege dir ein leckeres Menü und lass dir notfalls von den Eltern deiner Freunde zeigen, wie die Zubereitungsschritte gehen. Dann überrasche deine Familie mit einem Abendessen, das ausnahmsweise nicht deine Eltern gekocht haben.

____

____

____

#78: Mach die Nacht durch (Unentschlossene)

Die Nacht zum Tag gemacht hast du bestimmt schon mehr als einmal, sei es an Silvester oder während der letzten Lernphase für die Abi-Prüfungen. Mach das noch einmal, aber dieses Mal ohne einen konkreten Anlass. Es ist interessant, wohin die Gedanken schweifen und wie du dich wie der letzte Mensch auf der Erde fühlst, wenn außer dir keiner mehr wach ist. Was macht eigentlich die Katze nachts? Wie viele Autos fahren um 4 Uhr morgens an eurem Haus vorbei? Finde es heraus!

#79: Probiere ein DIY-Projekt aus (Zielstrebige)

Nimm dir eine DIY-Herausforderung vor und versuche, sie so gut wie möglich hinzubekommen. Wenn du gut darin bist, kannst du versuchen, ein Möbelstück zu bauen oder einen Pulli zu stricken. Andernfalls suche dir etwas Einfaches, gestalte beispielsweise einen Keilrahmen oder bastle eine Fotowand mit Bildern von deinen Freunden und dir. Sei kreativ und denke dir ruhig auch selbst etwas aus, was du danach noch gerne anschaust. Schaue mal auf Pinterest vorbei!

#80: Repariere etwas (Zielstrebige)

Was ist im Haushalt gerade kaputt? Nimm dir die Zeit, es zu reparieren, auch wenn du davon keine Ahnung hast. Das nötige Wissen kannst du dir anlesen und jeder kann lernen, mit Werkzeug umzugehen. Wenn dabei ein Fingernagel abbricht, dann ist das eben so! Das Gefühl, etwas selbst ohne Hilfe repariert zu haben, fühlt sich einfach königlich an! Nebenbei lernst du auch noch, wie es geht, falls du einmal wirklich in der Lage bist, etwas reparieren zu müssen.

#81: Spende alte Kleidung und Spielsachen (Soziale)

Was liegt noch in deinem Zimmer oder in deinem Kleiderschrank, was du definitiv nicht mehr brauchst? Wirf alles in eine Tüte und finde heraus, wo du eine Spende abgeben kannst. Für alte Klamotten in gutem Zustand gibt es die Altkleidercontainer. Spielsachen werden gerne von Kindergärten und Schulen oder Hilfsorganisationen genommen, wenn sie in gutem Zustand sind. Möglichkeiten für Spenden gibt es immer und überall.

#82: Blogge, vlogge oder so? (Zielstrebige)

Jeder hat etwas zu sagen - was willst du der Welt mitteilen? Starte einen Blog, deinen eigenen YouTube- oder Snapchat-Kanal oder geh mit deinem Thema auf Instagram. Setze dir beispielsweise das Ziel, einen Marathon zu laufen, und berichte anderen über deine Trainingserfolge. Oder starte deine eigene Challenge: 101 Dinge, die du nach dem Abi erleben oder getan haben willst. Wie viele Fans und Follower bekommst du und was lernst du auf dem Weg zum Internet-Sternchen?

#83: Baue deine eigene Website (Zielstrebige)

Der Inhalt ist vollkommen egal, vielmehr geht es darum, dass du lernst, wie das geht. HTML, CSS, Homepage-Baukästen - das alles wird dich in der heutigen Zeit weiter bringen. Vielleicht hast du dich ja schon mit dem Thema beschäftigt und machst das im Schlaf? Dann baue eine richtig coole Website, die etwas kann - oder überlege dir eine App, damit du etwas Neues lernst. Wer weiß, was aus deine Spaß-Projekt später noch alles werden könnte?

#84: Probiere ein ungewöhnliches Restaurant aus (Unentschlossene)

Verabrede dich mit Freunden und probiert ein Restaurant aus, in dem ihr noch nie wart. Die einzige Voraussetzung ist, dass es etwas geben muss, was ihr noch nie gegessen habt. Gibt es in eurer Stadt ein afrikanisches, israelisches, ayurvedisches oder veganes Restaurant? Dann reserviert dort einen Tisch und lasst euch auf die Eindrücke ein, die euch dort erwarten. Vielleicht schmeckt es euch ja sogar und ihr entdeckt eure neue Lieblings-Location?

#85: Besuche eine Summer School (Weltendecker)

Summer Schools sind Veranstaltungen während der Sommerferien, die besonders intensiv sind und dadurch auch besonders lehrreich. In den USA werden sie beispielsweise von Universitäten angeboten, um das Programm zu erweitern oder Neulingen einen Einstieg zu bieten. Hierzulande kannst du beinahe alles in den Sommerferien machen, vom Schauspielkurs bis zum Debattierclub. Begeistere dich für ein Thema und informiere dich darüber, was in deinem Abi-Sommer dazu geboten wird, denn jetzt hast du die Zeit dafür.

#86: Besuche einen Kurs an der Volkshochschule (Zielstrebige)

Am besten lernst du neue Fähigkeiten zusammen mit anderen, die dasselbe Ziel verfolgen wie du. Suche dir einen Kurs an der VHS in deiner Stadt aus und belege ihn, bevor es für dich mit dem Studium oder der Ausbildung weitergeht. Hauptsache, das Thema interessiert dich und du hast richtig Lust, regelmäßig hinzugehen. Nebenbei lernst du eine neue Fähigkeit, die dich irgendwann weiterbringen oder dir nützen wird. Lass dir auf jeden Fall die Teilnahme bestätigen.

#87: Verbringt einen Tag an der Hochschule (Zielstrebige)

Triff dich mit Freunden, die an die gleiche Hochschule gehen wollen wie du, und verbringt gemeinsam einen Tag wie richtige Studenten. Tut einfach so, als würdet ihr dazugehören. Esst in der Mensa, setzt euch als Gasthörer in die Vorlesungen und lernt die Studenten kennen. Wenn ihr vorher nachfragt, bietet die Hochschule vielleicht sogar ein Einführungsprogramm für euch an oder organisiert einen Schnuppertag für euch, bei dem ihr erfahrt, wie euer Leben bald aussehen kann.

#88: Absolviere Ein-Tages-Praktika (Zielstrebige)

Welche Ausbildungsberufe würden dich interessieren, selbst wenn du dir nicht vorstellen kannst, diese Ausbildung zu machen? Rufe bei den Unternehmen an und frage sie, ob du einen Tag in den Beruf hineinschnuppern darfst! Einen Tag können viele Betriebe ermöglichen und du sammelst Eindrücke, wie es in der Arbeitswelt wirklich aussieht. Vielleicht stimmt dich dein kurzes Praktikum um oder du bist danach erst recht überzeugt, dass der Beruf zwar spannend, aber nichts für dich ist.

____

____

____

#89: Ballermann…für die, die Lust auf feiern haben! (Weltendecker)

Trommle eine Gruppe Freunde zusammen und bucht eine Reise nach Mallorca zum Ballermann. Das muss man einmal im Leben erlebt haben und je jünger du dabei bist, desto mehr Spaß macht es. Nimm an einem Wet T-Shirt Contest teil, kauft euch einen Eimer Sangria am Strand und lasst es krachen! Tagsüber könnt ihr euch am Strand sonnen und euch von den Strapazen der Nacht erholen, abends geht es auf die Feiermeilen der spanischen Party-Insel.

____

____

____

#90: Schreibe einen Ratgeber für den nächsten Jahrgang (Soziale)

Setz dich mit Freunden zusammen und schreibt einen Leitfaden für die Abiturienten, die nach euch kommen. Was müssen sie über die Grund- und Leistungskurse wissen? Wie kann man bei den jeweiligen Lehrern am einfachsten abschreiben? Wer stellt in den Klausuren immer wieder die gleichen Fragen? Wie schleicht man sich für eine nächtliche Poolparty am leichtesten in die Schule, ohne dass es der Hausmeister merkt? Gebt eure besten Tipps an eure Nachfolger weiter.

#91: Singe deinen Lieblingssong im Studio (Clowns)

Hast du einen Lieblingssong? Geh in ein Tonstudio und lass dich aufnehmen, wie du ihn singst. Du musst nicht gut singen können, aber vorher wenigstens etwas üben - den Rest macht das Tonstudio. Besonders viel Spaß macht das mit Freunden, wenn alle zusammen singen. Wenn einer schief singt, fällt es nicht mehr so sehr ins Gewicht und ihr habt alle eine verrückte Erinnerung an eure Abi-Zeit.

#92: Nimm einen total unpassenden Job an (Unentschlossene)

Was könntest du dir als Beruf niemals vorstellen? Kassierer, Bauarbeiter, Tierpfleger? Organisiere ein Praktikum oder auch nur einen Tag und probiere es aus. Wenn es keinen Spaß macht, dann bestätigt dich das wenigstens in deiner Entscheidung. Oder du stellst fest, dass das für dich zwar nichts ist, aber härter als gedacht - du siehst diesen Beruf künftig mit ganz anderen Augen.

____

____

____

#93: Verbringe einen Tag mit jedem Verwandten (Soziale)

Wann hast du eigentlich zuletzt deinen Cousin oder deine Tante gesehen? Nimm Kontakt auf und verbringe mit jedem einen ganzen Tag oder ein paar Stunden. Mach daraus ein Zweier-Date, bei dem ihr euch näher kommt. Besuche auch die Verwandten, die etwas weiter weg oder im Ausland wohnen. Wenn ihr euch schon länger nicht mehr gesehen habt, freuen sie sich umso mehr, dich zu sehen. Für dich beinhaltet das eine kleine Reise und die Gelegenheit, wieder mehr Kontakt zu deiner Familie herzustellen - jetzt hast du schließlich die Zeit dafür.

____

____

____

#94: Mietet einen Heißluftballon (Weltendecker)

Es kann unglaublich befreiend sein, die Welt von oben zu sehen. Von dort aus sieht alles gleich ganz anders aus. Mietet zusammen einen Heißluftballon und entschwebt für eine Weile allen Sorgen und Gedanken. Vielleicht schafft ihr es sogar, dabei über eure alte Schule zu schweben und euch diesen Anblick von oben zu gönnen? Auf jeden Fall ein toller Abschluss eurer gemeinsamen Zeit!

#95: Lass einen Heliumballon mit deiner Botschaft steigen (Brave)

Schreibe deine Gedanken zur Oberstufe und zum bestandenen Abi auf, binde sie an einen Heliumballon und lass sie frei. Das ist befreiend und gibt schöne Fotos für Instagram. Wenn du möchtest, kannst du deinen Brief mit deinen Kontaktdaten versehen, damit dir der Finder

antworten kann, wenn er will. Es tut aber auch schon gut, zu wissen, dass irgendjemand deine Zeilen lesen wird, wenn der Ballon landet und von jemandem gefunden wird.

#96: Lass ein Tattoo stechen(Unentschlossene)

Hast du schon seit längerer Zeit ein Tattoo-Motiv im Kopf? Dann ist jetzt die Zeit, es stechen zu lassen. Ein kleines, unauffälliges Tattoo an einer Stelle, die auch bedeckt bleiben kann, ist für dein weiteres Berufsleben unproblematisch. Immer, wenn du in Zukunft dein Tattoo siehst, wirst du an die Zeit zurückdenken, als du es stechen lassen hast. Das kann dein Geschenk an dich selbst zum bestandenen Abitur sein.

____

____

____

#97: Schlafe so richtig aus (Unentschlossene)

Wie lang ist es eigentlich her, dass du so richtig entspannt ausschlafen konntest? Am Wochenende kannst du natürlich länger im Bett bleiben, aber gerade während der Prüfungszeit war es doch bestimmt oft so, dass du zum Lernen früher aufgestanden bist, als du in Wirklichkeit wolltest. Hole den verpassten Schlaf nach und schlaf einfach, solange du willst. Keine Wecker - nur du entscheidest, wann du aufstehst. Du könntest auch herausfinden, wie viel Schlaf du so benötigst!

____

____

____

#98: Mach eine Reitwanderung (Weltendecker)

Kannst du reiten? Gut! Kannst du es nicht? Auch kein Problem. Mache eine ein- oder mehrtägige Reitwanderung. Das befreit den Kopf und ist ein Erlebnis, das du so schnell nicht mehr vergisst. Wenn du noch nie geritten bist, bekommst du ein sicheres Pferd dafür und brauchst dir keine Gedanken zu machen, dass etwas passiert, denn du wirst von erfahrenen Reitern geführt und kannst dich einfach tragen lassen. So etwas macht in Holland enorm viel Spaß!

____

____

____

#99: Besuche die europäischen Hauptstädte

Plane zusammen mit ein paar Freunden eine Tour durch alle europäischen Hauptstädte oder einige, die euch interessieren. Mit günstigen Tickets für junge Leute kommt ihr zu bezahlbaren Preisen durch Europa und lernt euren Kontinent besser kennen. Außerdem schweißt euch das gemeinsame Erlebnis zusammen und ihr macht noch eine gemeinsame Erfahrung nach der Schule, bevor es euch in alle Richtungen verschlägt.

____

____

____

#100: Stehe am Äquator (Weltendecker)

Stell dich genau auf den Äquator und fühle dich wie am Mittelpunkt der Erde. Das geht beispielsweise in Kenia oder in Ecuador. Organisiere allein oder mit deinen freunden eine Reise nach euren Abi-Prüfungen und dann sucht die Stelle, wo ihr euch hinstellen müsst. Macht unbedingt ein cooles Foto von eurer Aktion, denn daran wirst du dich ein Leben lang weinnern.

____

____

____

#101: Feiere! (Jeder!)

Du hast dein Abi bestanden! Das ist keine Kleinigkeit und gehört ordentlich gefeiert. Du hast gelernt wie verrückt, dich bestimmt oft genug gefragt, wofür du dir das alles antust, die besten Strategien zum Abschreiben entwickelt und bist nebenbei erwachsen geworden. Die letzten 2 Jahre waren kein Zuckerschlecken, aber du hast sie überstanden und das hast du gut gemacht. Feiere dich, deinen Erfolg und freue dich auf eine spannende Zukunft!

____

____

____

So viele Ideen - wo fange ich an?

Bestimmt fragst du dich jetzt: „Wo soll ich nur anfangen?“ Viele tolle Ideen und Anregungen, viel freie Zeit... aber was passt wirklich zu dir?
Dabei hilft dir der Persönlichkeitstest. Warst du bisher vorsichtig unterwegs und hast alles gemacht, was Eltern und Lehrer dir geraten haben? Dann ist es jetzt an der Zeit, deine mutige Seite zu entdecken und dich auf die Abenteuer einzulassen, die das Leben für dich bereit hält. Natürlich meinten sie es nur gut mit dir, aber was willst du eigentlich? Finde es heraus, indem du dich etwas traust! Oder warst du der Klassenclown, der immer gut drauf war? Dann probiere es nach dem Abi mit etwas Ruhigem und finde dich selbst. Wer bist du wirklich? Welcher tiefgründige junge Mensch versteckt sich hinter der witzigen Fassade? Finde es heraus, indem du bewusst etwas nur für dich alleine machst, denn dabei musst du niemanden unterhalten oder besonders witzig und originell sein.
Diese 101 Ideen sollen dir als Anregung dienen und eine Inspiration für deine eigenen sein. Wenn du nicht gut mit Pferden kannst und reiten nichts für dich ist, dann schwimme doch stattdessen mit Delfinen oder besuche die Schweine am Strand der Bahamas. Wenn du Flugangst hast und keine Fernreisen machen willst, warten genauso tolle Erfahrungen dort auf dich, wo du mit Bus und Bahn hinkommst. Passe diese 101 Ideen auf dich und das an, was du nach dem Abi erleben willst. So viel Zeit wie zwischen Abi und Studium, Ausbildung oder dem, was du danach vorhast, hast du nie wieder - genieße sie in vollen Zügen. Das hast du dir jetzt verdient!

Hier noch ein paar Links zu Inhalten, die dich jetzt interessieren könnten:
https://www.was-studiere-ich.de/
https://www.nach-dem-abitur.de/

Impressum:

1. Auflage

Kontakt und Pseudonym Jonas Schönfeld wird vertreten durch: Aurel Hampl/ Auf dem Rosenberg 35 / 51503 Rösrath

Angaben gemäß §5 TMG:

E-Mail: aurelh@me.com

Verantwortlich für den Inhalt nach §55 Abs. 2 RStV:

Aurel Hampl

netseiten sind ausschließlich die Betreiber der jeweiligen Internetseiten verantwortlich. Der Autor hat keinen Einfluss auf Gestaltung und Inhalte fremder Internetseiten. Der Autor distanziert sich daher von allen fremden Inhalten. Zum Zeitpunkt der Verwendung waren keinerlei illegalen Inhalte auf den Webseiten vorhanden.

Printed in Poland
by Amazon Fulfillment
Poland Sp. z o.o., Wrocław

75543975R00043